Παραμαχανσα Γιογκανάντα
(1893–1952)

Η σχέση Γκουρού-Μαθητή

από τη Σρι Μριναλίνι Μάτα

Σειρά «Πως-να-ζούμε»

ΣΧΕΤΙΚΑ ΜΕ ΤΗ ΣΕΙΡΑ «ΠΩΣ-ΝΑ-ΖΟΥΜΕ»: Αυτές οι ανεπίσημες ομιλίες και δοκίμια δημοσιεύτηκαν αρχικά από το Self-Realization Fellowship στο τριμηνιαίο περιοδικό του, *Self-Realization*. Κάποια υπήρχαν σε ανθολογίες και ηχογραφήσεις που παρήγαγε η κοινότητα. Η σειρά «Πως-να-ζούμε» δημιουργήθηκε ως απόκριση στα αιτήματα των αναγνωστών για βιβλιαράκια τσέπης, τα οποία παρουσιάζουν διδασκαλίες του Παραμαχάνσα Γιογκανάντα επάνω σε διάφορα θέματα. Η σειρά προσφέρει την καθοδήγηση του Σρι Γιογκανάντα και κάποιων από τους παλιούς μαθητές του, μοναχούς του Self-Realization Fellowship, πολλοί εκ των οποίων είχαν την ευκαιρία να λάβουν πνευματική καθοδήγηση και εκπαίδευση από αυτόν τον αγαπημένο παγκόσμιο δάσκαλο, για μια περίοδο πολλών χρόνων. Περιστασιακά προστίθενται νέοι τίτλοι σε αυτή τη σειρά.

Τίτλος πρωτοτύπου στα Αγγλικά που εκδόθηκε από το
Self-Realization Fellowship, Los Angeles, California:
The Guru-Disciple Relationship

ISBN: 978-0-87612-360-7

Μεταφρασμένο στα Ελληνικά από το Self-Realization Fellowship

Copyright © 2023 Self-Realization Fellowship

Με την επιφύλαξη όλων των δικαιωμάτων. Εκτός από σύντομα αποσπάσματα του βιβλίου σε κριτικές, κανένα τμήμα του *Η σχέση Γκουρού-Μαθητή (The Guru-Disciple Relationship)* δεν επιτρέπεται να αναπαραχθεί, αποθηκευτεί, μεταδοθεί ή προβληθεί σε οποιαδήποτε μορφή ή με οποιοδήποτε μέσον (ηλεκτρονικό, μηχανικό ή άλλο) που είναι γνωστό τώρα ή θα εφευρεθεί στο μέλλον – περιλαμβανομένων φωτοτυπιών, ηχητικών καταγραφών ή οποιοδήποτε σύστημα αποθήκευσης ή ανάκτησης πληροφοριών – χωρίς προηγούμενη γραπτή άδεια από το Self-Realization Fellowship, 3880 San Rafael Avenue, Los Angeles, California 90065-3219, U.S.A.

 Εξουσιοδοτημένη έκδοση από το Συμβούλιο Διεθνών Εκδόσεων του *Self-Realization Fellowship*

Το όνομα και το έμβλημα του Self-Realization Fellowship (που φαίνονται παραπάνω) υπάρχουν σε όλα τα βιβλία, ηχητικές καταγραφές και άλλες δημοσιεύσεις του SRF, διαβεβαιώνοντας τον αναγνώστη ότι ένα έργο προέρχεται από την οργάνωση που ίδρυσε ο Παραμαχάνσα Γιογκανάντα και διαβιβάζει πιστά τις διδασκαλίες του.

Πρώτη έκδοση στα Ελληνικά 2023
First edition in Greek, 2023
Αυτή η εκτύπωση 2023
This printing, 2023

ISBN: 978-1-68568-165-4

1280-J8009

— ◆ —

Υπάρχει μια Δύναμη που θα φωτίσει τον δρόμο σου προς την υγεία, την ευτυχία, την ειρήνη και την επιτυχία, αν μόνο στραφείς προς αυτό το Φως.

— Παραμαχάνσα Γιογκανάντα

— ◆ —

Η σχέση Γκουρού-Μαθητή

ΑΠΟ ΤΗ ΣΡΙ ΜΡΙΝΑΛΙΝΙ ΜΑΤΑ

Μια ομιλία που δόθηκε κατά τη διάρκεια του Συνεδρίου για τη Χρυσή Επέτειο του Self-Realization Fellowship στο Λος Άντζελες, στις 7 Ιουλίου του 1970

Ο Θεός μας έστειλε σε αυτόν τον κόσμο για να παίξουμε σε ένα θεϊκό δράμα. Ως εξατομικευμένες εικόνες του Ίδιου του Θεού, οι ζωές μας έχουν έναν μοναδικό σκοπό: να μάθουμε· και μέσω της μάθησης να εξελιχθούμε· και μέσω της συνεχόμενης εξέλιξης, να εκφράσουμε τελικά την αληθινή μας φύση και να επιστρέψουμε στην αρχική μας κατάσταση ενότητας με τον Θεό.

Όταν ξεκινάμε την περιπέτειά μας στη γη ως βρεφικές ψυχές, αρχικά αποκτούμε γνώση μέσω εμπειριών που προέρχονται από την διαδικασία δοκιμής και λάθους. Κάνουμε μια πράξη και αν εκείνη παράγει καλά αποτελέσματα, την επαναλαμβάνουμε. Όταν μια συγκεκριμένη πράξη μας προκαλέσει πόνο, έκτοτε προσπαθούμε να την αποφύγουμε.

Ύστερα, μαθαίνουμε να ωφελούμαστε από το παράδειγμα των άλλων. Παρατηρούμε τη συμπεριφορά της οικογενείας, των φίλων μας και των ανθρώπων στην κοινότητά μας και επωφελούμαστε από την ανάλυση των λαθών και των επιτυχιών τους. Οι εμπειρίες μας, μάς οδηγούν ακόμα παραπέρα στο να αναζητήσουμε μια βαθύτερη κατανόηση της ζωής μας στη γη, μέχρι που έρχεται μια στιγμή για τον καθένα μας όπου αρχίζουμε μια σοβαρή αναζήτηση της Αλήθειας. Ο άνθρωπος του οποίου η συνειδητότητα έχει εξελιχθεί σε αυτό τον βαθμό, αναρωτιέται: «Τί είναι η ζωή;», «Τι είμαι εγώ;», «Από πού προέρχομαι;». Και ο Κύριος απαντάει σε έναν τέτοιο αναζητητή, οδηγώντας τον σε έναν δάσκαλο ή σε θρησκευτικά και φιλοσοφικά βιβλία που ικανοποιούν την αρχική του δίψα για κατανόηση. Καθώς απορροφά τη γνώση των άλλων, αναπτύσσεται η κατανόησή του και επιταχύνεται η πνευματική του ανάπτυξη. Πλησιάζει λίγο πιο κοντά στην Αλήθεια ή στον Θεό.

Τελικά, ακόμη και αυτή η γνώση παύει να επαρκεί. Ο αναζητητής αρχίζει να λαχταράει μια προσωπική συνειδητοποίηση της Αλήθειας. Η ψυχή μέσα του τον παροτρύνει να σκεφτεί: «Σίγουρα αυτός ο κόσμος δεν είναι το σπίτι μου! Σίγουρα δεν είμαι μόνο αυτό το υλικό σώμα· αυτό μπορεί να αποτελέσει μόνο ένα προσωρινό κλουβί. Πρέπει να υπάρχει κάτι παραπάνω από τη ζωή που τώρα αντιλαμβάνονται οι αισθήσεις μου, κάτι που υπάρχει πέρα από τον τάφο. Έχω διαβάσει για την Αλήθεια· έχω ακούσει για την Αλήθεια. Τώρα πρέπει να γνωρίζω!».

Απαντώντας στο αγωνιώδες κλάμα του παιδιού Του, ο φιλεύσπλαχνος Θεός στέλνει έναν φωτισμένο διδάσκαλο, έναν που έχει φτάσει στην συνειδητοποίηση του Εαυτού και γνωρίζει τον Εαυτό ως Πνεύμα – έναν αληθινό γκουρού. Η ζωή ενός τέτοιου διδασκάλου είναι μια ανεμπόδιστη έκ-φραση του Θείου.

Ο ορισμός ενός αληθινού γκουρού

Ο Σουάμι Σανκάρα[1] περιέγραψε τον γκουρού με τον εξής τρόπο: «Δεν υπάρχει κάτι γνωστό παρεμφερές στους τρεις κόσμους για να συγκριθεί με έναν αληθινό γκουρού. Αν υποτεθεί ότι η φιλοσοφική λίθος πραγματικά μπορεί να αποτελέσει μέτρο σύγκρισης, τότε αυτή δύναται μόνο να μετατρέψει τον σίδηρο σε χρυσό, και όχι αυτόν σε μια άλλη φιλοσοφική λίθο. Από την άλλη πλευρά, ο σεβάσμιος διδάσκαλος δημιουργεί ισότητα ανάμεσα σε εκείνον και τον μαθητή που αναζητά καταφύγιο στα πόδια του. Συνεπώς, ο γκουρού είναι απαράμιλλος – ή μάλλον, υπερβατικός».

Ο Παραμαχάνσα Γιογκανάντα, ο γκουρού – ιδρυτής του Self-Realization Fellowship, είπε: «Ο γκουρού είναι ο αφυπνισμένος Θεός που αφυπνίζει τον Θεό που κοιμάται μέσα στον μαθητή. Μέσω της συμπόνοιας και της βαθιάς διορατικότητας, ένας αληθινός γκουρού βλέπει τον Θεό να υποφέρει ο ίδιος μέσα στους σωματικά, νοητικά και πνευματικά φτωχούς. Γι' αυτόν τον λόγο θεωρεί ευτυχές καθήκον του να τους βοηθήσει. Προσπαθεί να ταΐσει τον πεινασμένο Θεό στους άπορους, να αναταράξει τον κοιμώμενο Θεό στους αδαείς, να αγαπήσει τον ασυναίσθητο Θεό στον εχθρό και να εγείρει τον μισό-αφυπνισμένο Θεό στον πιστό που τον λαχταράει. Με ένα απαλό άγγιγμα

---

1 Ο μεγαλύτερος φιλόσοφος της Ινδίας. Ο Σουάμι Σανκάρα, που αναδιοργάνωσε το αρχαίο τάγμα των Σουάμι της Ινδίας (τον όγδοο ή στις αρχές του ενάτου αιώνα π.Χ.), ήταν ένας σπάνιος συνδυασμός αγίου, λόγιου και ανθρώπου της δράσης.

αγάπης, εγείρει στη στιγμή τον σχεδόν πλήρως αφυπνισμένο Θεό στον προχωρημένο αναζητητή. Ένας γκουρού είναι ο μεγαλύτερος δωρητής μεταξύ όλων των ανθρώπων. Η γενναιοδωρία του, όπως και αυτή του Ίδιου του Θεού, δεν έχει όρια». Με αυτόν τον τρόπο, ο Παραμαχάνσα Γιογκανάντα περιέγραψε την απέραντη κατανόηση, την απέραντη αγάπη, την πανταχού παρούσα συνειδητότητα ενός αληθινού γκουρού που αγκαλιάζει τα πάντα. Εκείνοι οι *τσέλα* (μαθητές), που είχαν το προνόμιο να γνωρίσουν τον Παραμαχάνσατζι[2], είδαν αυτά τα χαρακτηριστικά να εκδηλώνονται τέλεια σε αυτόν.

Η σχέση γκουρού – μαθητή

Αυτό το σύμπαν που δημιούργησε ο Θεός, λειτουργεί βάσει του εύτακτου συμπαντικού νόμου και η σχέση γκουρού-μαθητή είναι ριζωμένη σε αυτόν τον νόμο. Για όποιον αναζητεί τον Θεό, έχει οριστεί θεϊκά να Τον γνωρίσει μέσω ενός αληθινού γκουρού. Όταν ένας πιστός επιθυμεί ειλικρινά να γνωρίσει τον Θεό, τότε ο γκουρού του έρχεται. Μόνο κάποιος που γνωρίζει τον Θεό μπορεί να υποσχεθεί στον μαθητή: «Θα σου Τον γνωρίσω». Ένας αληθινός γκουρού έχει βρει ήδη τον δρόμο του προς τον Θεό· συνεπώς μπορεί να πει στον *τσέλα*: «Πάρε το χέρι μου. Θα σου δείξω τον δρόμο». Η σχέση γκουρού- μαθητή περιλαμβάνει τις πειθαρχίες και τις αρχές της σωστής δράσης, τις οποίες θα

---

2 Στην Ινδία η κατάληξη «τζι» προστίθεται σε ονόματα και τίτλους για να δηλώσει σεβασμό.

πρέπει να ακολουθήσει ο μαθητής, ώστε να προετοιμαστεί για τη γνωριμία του με τον Θεό. Όταν με τη βοήθεια του γκουρού του, ο μαθητής τελειοποιεί τον εαυτό του, τότε εκπληρώνεται ο θεϊκός νόμος και ο γκουρού τον συστήνει στον Θεό.

Αφοσίωση στον Γκουρού και στις διδασκαλίες του

Η πρώτη αρχή του συμφώνου ανάμεσα στον γκουρού και στον *τσέλα* είναι η αφοσίωση.

Το εγώ, η συνειδητότητα και η έπαρση του μικρού «Εγώ», είναι το μόνο πράγμα που μας κρατάει μακριά από τον Θεό. Αν κάποιος ξορκίσει το Εγώ, την ίδια στιγμή συνειδητοποιεί ότι είναι, πάντοτε ήταν και για πάντα θα είναι ένα με τον Θεό. Το εγώ είναι ένα σύννεφο αυταπάτης που περιβάλλει την ψυχή, καλύπτοντας και διασκορπίζοντας την αγνή συνειδητότητά της με ατελείωτες παρανοήσεις σχετικά με τη φύση του εαυτού και του κόσμου. Ένα αποτέλεσμα της αυταπάτης του εγώ, είναι η αστάθεια. Καθώς ο αναζητητής της αλήθειας ξεκινάει να εκδηλώνει τις θεϊκές ιδιότητες της ψυχής του, αποβάλλει αυτή την τάση για αναξιοπιστία που διακατέχει την ανθρώπινη φύση και γίνεται ένας πιστός και κατανοητικός άνθρωπος.

Η αφοσίωση στον γκουρού είναι ένα από τα σημαντικότερα βήματα της μαθητείας. Τα περισσότερα ανθρώπινα όντα δεν έχουν τελειοποιήσει την ποιότητα της αφοσίωσης, ακόμη και προς το ίδιο τους το αίμα, τον σύζυγο, τη σύζυγο ή τον φίλο. Για αυτόν τον λόγο, η ιδέα της αφοσίωσης στον γκουρού δεν έχει κατανοηθεί πλήρως. Για να γίνει ένας αληθινός μαθητής, ο *τσέλα* θα πρέπει να είναι αφοσιωμένος στον γκουρού που του έστειλε ο Θεός: να συμμορφώνεται πιστά και αποκλειστικά με τις διδασκαλίες του γκουρού του. Αφοσίωση δεν σημαίνει περιορισμένη αντίληψη. Η καρδιά που είναι αφοσιωμένη στον Θεό και στον εκπρόσωπό Του, είναι μεγαλόψυχη, κατανοητική και συμπονετική προς όλα τα όντα. Παραμένοντας επικεντρωμένος στην αναπόσπαστη, ανιδιοτελή αφοσίωση προς τον δικό του γκουρού και τις διδασκαλίες του, ένας τέτοιος πιστός βλέπει όλες τις άλλες εκφάνσεις της Αλήθειας από τη σωστή προοπτική, αποδίδοντάς τους τη σωστή εκτίμηση και σεβασμό.

Ο Παραμαχάνσατζι μιλούσε πολλές φορές για αυτό το θέμα. Έλεγε: «Πολλοί άνθρωποι ανησυχούν για το αν θα γίνουν στενόμυαλοι, πολύ πριν μάθουν να είναι ισορροπημένοι. Στην επιθυμία τους να είναι ανοιχτόμυαλοι, οι επιφανειακοί αναζητητές απορροφούν αδιακρίτως διαφορετικές ιδέες, χωρίς πρώτα να διυλίσουν, μέσω της συνειδητοποίησης, την ουσία της αλήθειας που βρίσκεται μέσα τους. Το αποτέλεσμα είναι μια πνευματικά αδύναμη, αλλοιωμένη συνειδητότητα. Αν και σέβομαι με αγάπη όλα τα αληθινά θρησκευτικά μονοπάτια και όλους τους αληθινούς πνευματικούς διδασκάλους, βλέπετε πως είμαι αφοσιωμένος αποκλειστικά στον δικό μου». «Όλες οι αληθινές θρησκείες οδηγούν στον Θεό», είπε. «Αναζήτησε την πνευματική διδασκαλία που ελκύει και ικανοποιεί πλήρως την καρδιά σου, μέχρι να τη βρεις· και μόλις τη βρεις, μην αφήσεις τίποτα να ξαναγγίξει την αφοσίωσή σου. Δώσε την πλήρη προσοχή σου σε αυτό το μονοπάτι. Αφιέρωσέ του ολόκληρη τη συνειδητότητά σου και θα βρεις τα αποτελέσματα που αναζητάς». Όταν ο Γκουρουντέβα[3] Παραμαχάνσατζι μιλούσε για αφοσίωση, κάποιες φορές έκανε την εξής σύγκριση: «Αν έχεις μια αρρώστια, πας σε έναν γιατρό και σου δίνει ένα φάρμακο για να θεραπεύσει την ασθένειά σου. Παίρνεις το φάρμακο στο σπίτι και το χρησιμοποιείς σύμφωνα με τις οδηγίες του γιατρού. Όταν οι φίλοι σου έρχονται να σε επισκεφτούν και ανακαλύπτουν τη φύση της ασθένειάς σου, πιθανόν να αρχίσει ο καθένας να αναφωνεί: "Α! γνωρίζω τα πάντα για αυτή την αρρώστια! Πρέπει οπωσδήποτε να δοκιμάσεις το τάδε φάρμακο". Αν δέκα άνθρωποι σου δώσουν δέκα διαφορετικά φάρμακα και τα δοκιμάσεις όλα, είναι αμφίβολο ότι θα θεραπευτείς. Η ίδια αρχή αποτελεί τη βάση για τη σημασία της αφοσίωσης στις οδηγίες του γκουρού. Μη μπερδεύεις πνευματικές θεραπείες». Θεϊκή αφοσίωση σημαίνει να μαζέψει κανείς την διάσπαρτη προσοχή, αφοσίωση και προσπάθειά του μαζί και να τις συγκεντρώσει αποκλειστικά στον πνευματικό στόχο. Ο πιστός μαθητής ταξιδεύει γρήγορα στο μονοπάτι προς τον Θεό. Ο Παραμαχάνσατζι εξέφρασε τον ρόλο του γκουρού με τον εξής τρόπο: «Μπορώ να σε βοηθήσω περισσότερο, αν δεν αποκεντρώνεις τις δυνάμεις σου. Ο συντονισμός με τον γκουρού γίνεται μέσω της απόλυτης αφοσίωσης σε αυτόν, σε όσους συσχετίζονται με αυτόν και στις δραστηριότητές του·

---

3 «Θεϊκός διδάσκαλος», εθιμικός όρος στα σανσκριτικά που αναφέρεται στον πνευματικό δάσκαλο.

μέσω της οικειοθελούς υπακοής στις συμβουλές του (είτε προφορικές, είτε γραπτές οδηγίες)· μέσω του οραματισμού αυτού στο πνευματικό μάτι· και μέσω της άνευ όρων αφοσίωσης... Ο γκουρού μπορεί να εγκαταστήσει έναν ναό του Θεού στις ψυχές αυτών που είναι συντονισμένοι με εκείνον». Μόνο μέσω της αφοσίωσης μπορεί κανείς να συγκεντρώσει αποτελεσματικά τις προσπάθειές του στην αναζήτηση του Θεού. Η συνειδητότητα του πιστού μαθητή μαγνητίζεται από τη θεϊκή αγάπη και ελκύεται ακατανίκητα από τον Θεό.

Η Υπακοή Αναπτύσσει την Διάκριση

Η υπακοή ή η παράδοση στην καθοδήγηση του γκουρού, αποτελεί άλλο ένα αξίωμα στη σχέση γκουρού-μαθητή. Γιατί υπάρχει αυτή η θεϊκή επιταγή; Ο άνθρωπος πρέπει να μάθει να υπακούει σε μια ανώτερη σοφία για να μπορέσει να ξεπεράσει το εμπόδιο του εγώ και των αυτοδημιούργητων πλανών του. Για αμέτρητες ενσαρκώσεις – από τότε που ήμασταν οι πιο αδαείς της ανθρωπότητας – το εγώ είχε τον τρόπο του να μας επιβάλλεται. Μέσω των συναισθημάτων και των προσκολλήσεων στις αισθήσεις, μας έχει υπαγορεύσει το πως θα συμπεριφερόμαστε, τι πεποιθήσεις θα έχουμε, τι μας αρέσει και τι όχι. Το εγώ υποδουλώνει τη θέληση και κρατάει τη συνειδητότητα δέσμια της περιορισμένης ανθρώπινης μορφής. Μεταβαλλόμενες διαθέσεις, συναισθηματικές διακυμάνσεις, διαρκώς μεταβαλλόμενες προτιμήσεις και δυσαρέσκειες πλήττουν συνεχώς τη συνειδητότητα του ανθρώπου με το ένα ή με το άλλο συναίσθημα. Αυτό που σήμερα του αρέσει ιδιαίτερα, αύριο μπορεί να του φαίνεται διαφορετικό και αναζητά κάτι άλλο. Αυτή η αμφιταλαντευόμενη κατάσταση συνειδητότητας τυφλώνει τον άνθρωπο στην αντίληψη της Αλήθειας.

Βασική προϋπόθεση της μαθητείας ενός τσέλα, είναι η ικανότητα να κάμψει την απείθαρχη και αλλόκοτη θέλησή του για να υπακούσει στη σοφία του γκουρού – να παραδώσει την εγωκεντρική θέλησή του στη θεϊκά συντονισμένη θέληση του γκουρού. Ο μαθητής που το κάνει αυτό, σπάει τα ισχυρά δεσμά του περιοριστικού εγώ. Όταν ο Παραμαχάνσατζι μπήκε στο άσραμ του Σουάμι Σρι Γιουκτέσβαρ ως μαθητής, ο Γκουρού του σχεδόν αμέσως του ζήτησε το εξής: «Επίτρεψέ μου να σε πειθαρχήσω· διότι η ελευθερία της βούλησης δεν συνίσταται στο να κάνουμε πράγματα σύμφωνα με τις επιταγές των προγεννητικών και μεταγεννητικών συνηθειών ή των νοητικών ιδιοτροπιών, αλλά στο να δρούμε σύμφωνα με τις υποδείξεις της σοφίας και της ελεύθερης επιλογής. Αν συντονίσεις τη θέλησή σου με τη δική μου, θα βρεις την ελευθερία».

Πως συντονίζει ο μαθητής τη θέλησή του με αυτή του γκουρού; Κάθε πνευματικό μονοπάτι έχει τους δικούς του ρυθμιστικούς και περιοριστικούς κανόνες. Σάντανα είναι ο ινδικός όρος για αυτή την πνευματική πειθαρχία: τα «τι πρέπει και τι δεν πρέπει να κάνει» που ορίζονται από τον γκουρού ως αναγκαία για την αναζήτηση του Θεού από τον Τσέλα. Ακολουθώντας με ειλικρίνεια αυτές τις οδηγίες, κάνοντας ότι καλύτερο μπορεί σύμφωνα με τις δυνατότητές του και με διαρκή προσπάθεια να ικανοποιήσει τον γκουρού μέσω της σωστής συμπεριφοράς του, ο μαθητής, γκρεμίζει κάθε φραγμό που έχτισε το εγώ του ανάμεσα στη θέλησή του και τη θέληση του γκουρού, όπως αυτή εκφράζεται μέσα από τις σοφές επιταγές του.

Υπακούοντας τον γκουρού, ο μαθητής ανακαλύπτει ότι η θέλησή του απελευθερώνεται σταδιακά από εγωιστικές επιθυμίες, συνήθειες και διαθέσεις που τον υποδουλώνουν. Ο νους που κάποτε ήταν ανήσυχος και άστατος, σταματάει να διασπείρεται και αναπτύσσει την ικανότητα να συγκεντρώνεται.

Καθώς η διανοητική όραση του μαθητή εστιάζεται σωστά, ξεκινάει να καθαρίζει. Ένα ένα απομακρύνονται τα πέπλα της παρανόησης και της σύγχυσης. Τα λάθη αμέτρητων πράξεων που κάποτε έμοιαζαν σωστές, αλλά οδηγούσαν μόνο στην οδύνη, ξαφνικά ξεγυμνώνονται μπροστά στην εκθαμβωτική όψη της αλήθειας. Ο μαθητής τότε *γνωρίζει* τι είναι σωστό, τι είναι αληθινό: έχει την ικανότητα να διακρίνει ανάμεσα στο καλό και στο κακό. Ο Παραμαχάνσατζι δίδαξε ότι συμπεριφορά με διάκριση είναι το να κάνουμε αυτό που πρέπει όταν οφείλουμε να το κάνουμε.

Για να πετύχει ένας πιστός στο πνευματικό μονοπάτι, πρέπει να αναπτύξει την ικανότητα διάκρισης· αλλιώς, τα ένστικτα, οι διαθέσεις, οι συνήθειες και οι παρελθοντικές συναισθηματικές τάσεις του, που συσσωρεύονται μέσω των ενσαρκώσεών του, θα συνεχίσουν να τον *παραπλανούν*.

Ώσπου ο μαθητής να αναπτύξει πλήρως την ικανότητα

διάκρισης, η υπακοή και η παράδοση στον γκουρού αποτελούν την μοναδική ελπίδα σωτηρίας για τον τσέλα. Αυτό που τον σώζει είναι η ικανότητα διάκρισης του γκουρού. Η Μπάγκαβατ Γκίτα (IV:36) διδάσκει ότι η λέμβος της σοφίας θα μεταφέρει ακόμη και τους μεγαλύτερους αμαρτωλούς στην απέναντι πλευρά της θάλασσας της αυταπάτης. Ακολουθώντας τη *σάντανα* που υπαγορεύει ο γκουρού, ο μαθητής χτίζει τη δική του σωσίβια λέμβο σοφίας.

Η υπακοή του μαθητή πρέπει να είναι ειλικρινής και να βγαίνει μέσα από την καρδιά του. Είναι ανόητο να εκφράζει κανείς με λόγια την αφοσίωση στον γκουρού και μετά να συνεχίζει να συμπεριφέρεται σύμφωνα με τις επιταγές των κακών συνηθειών του εγώ. Ο μόνος χαμένος είναι αυτός που 'κλέβει' στις προσπάθειές του στο πνευματικό μονοπάτι.

Ο Γκουρουντέβα έδωσε την εξής απλή συμβουλή στους *τσέλα* που ζήτησαν να υποβληθούν στην πειθαρχία του: «Να προσεύχεστε πάντα να ευχαριστείτε τον Θεό και τον γκουρού με κάθε τρόπο». Αυτά τα λόγια συνοψίζουν ολόκληρη τη *σάντανα*. Ωστόσο, η υλοποίησή τους δεν είναι κάτι απλό. Το να ευχαριστείτε τον Θεό και τον γκουρού απαιτεί κάτι παραπάνω από μια παθητική αγάπη και εκτίμηση για τον Θεό, τον γκουρού και το μονοπάτι. Ακόμη και όταν βγαίνει μέσα από την καρδιά, αυτή η προσευχή δεν είναι αρκετή από μόνη της για να ευχαριστήσει τον Θεό ή τον γκουρού. Ο Παραμαχάνσατζι μας έλεγε συχνά ότι δεν του άρεσε να ακούει τους ανθρώπους να αναφωνούν, «Δοξάστε τον Θεό! Δοξάστε τον Θεό!», λες και ο Θεός είναι μια κακομαθημένη κυρία που της αρέσει να την κολακεύουν. «Αυτό δεν ευχαριστεί τον Θεό», έλεγε. «Ο Θεός θρηνεί για εμάς και για όλα τα παιδιά Του που είναι χαμένα και υποφέρουν μέσα στο σκοτάδι της αυταπάτης». Ο Θεός και ο γκουρού θέλουν για εμάς μόνο το υπέρτατο καλό: την ελευθερία από αυτόν τον κόσμο χαοτικής μεταβλητότητας – υγεία και αρρώστια, ευχαρίστηση και πόνος, χαρά και λύπη – και ένα ασφαλές λιμάνι στην αειφόρο χαρά του αμετάβλητου Πνεύματος.

Συνεπώς, ο τρόπος να ευχαριστηθεί ο Θεός και ο γκουρού είναι η σωστή συμπεριφορά, με την οποία Τους επιτρέπουμε να μας προσφέρουν την ελευθερία. Μια συνεχής σωστή συμπεριφορά, με τη σειρά της, είναι δυνατή μόνο όταν κανείς εξασκεί την υπακοή και την παράδοση στον Θεό μέσω του καναλιού Του, τον γκουρού.

Σεβασμός και Ταπεινοφροσύνη ενώπιον του εκπροσώπου του Θεού

Στους βωμούς των ναών του Self-Realization Fellowship είναι τοποθετημένες εικόνες του Ιησού Χριστού και του Μπάγκαβαν Κρίσνα, των *παραμγκουρού* μας Μαχαβατάρ Μπάμπατζι, Λαχίρι Μαχασάγια και Σρι Γιουκτέσβαρ· και του γκουρού μας Παραμαχάνσα Γιογκανάντα. Έτσι, τους αποδίδουμε λατρεία και αφοσίωση ως τα εργαλεία του Θεού που έφεραν στον κόσμο τις διδασκαλίες του Self-Realization Fellowship. Η λατρεία είναι ο σεβασμός στην ύψιστη μορφή του, άλλη μια σημαντική πλευρά του θεϊκού νόμου που οδηγεί τον άνθρωπο στη συνειδητοποίηση του Θεού μέσω της σχέσης γκουρού-μαθητή.

Πόσο λίγο σεβασμό δείχνουν σήμερα τα ανθρώπινα όντα στον Θεό ή στον άνθρωπο! Πολλοί μέσα στην προβληματισμένη μας νεολαία χάνουν τον σεβασμό τους για τη σοφία χρόνων, την κοινωνική τάξη και κατά συνέπεια, τον εαυτό τους. Όταν σταματάει ο αυτοσεβασμός, ξεκινάει η παρακμή. Ο αληθινός σεβασμός προς τον εαυτό μας και προς τους άλλους, προκύπτει από την κατανόηση της θεϊκής μας καταγωγής. Αυτός που γνωρίζει τον εαυτό του ως Εαυτό, μια εξατομικευμένη σπίθα της φλόγας του Πνεύματος, γνωρίζει επίσης ότι όλα τα άλλα ανθρώπινα όντα είναι και αυτά μια έκφραση του Πνεύματος. Υποκλίνεται με χαρά και δέος μπροστά στον Έναν μέσα σε όλους.

Καλλιεργώντας σεβασμό προς τον γκουρού ως αντιπρόσωπο του Θεού και προς τα υπόλοιπα όντα ως εικόνες του Θεού, ο πιστός βοηθάει τον εαυτό του να προοδεύσει πνευματικά. Από μια στάση σεβασμού προς τον γκουρού, προκύπτει η δεκτικότητα στον Θεό μέσω του γκουρού και από τη δεκτικότητα προκύπτει η κατανόηση του τι είναι σωστό και ευγενές, κάτι το οποίο οδηγεί στη λατρεία για τον Θεό και τον γκουρού. Όταν κανείς τελικά αποκτήσει την ικανότητα, τόσο μέσα στην καρδιά του όσο και σε φυσικό επίπεδο, να υποκλίνεται σε κάτι άλλο από το εγώ, λαμβάνει χώρα μια εσωτερική μεταμόρφωση· αναπτύσσει κανείς ταπεινοφροσύνη. Το εγώ είναι σαν ένας γερός, αδιαπέραστος τοίχος φυλακής γύρω από την ψυχή, την αληθινή φύση του ανθρώπου· η μοναδική δύναμη που μπορεί να συντρίψει αυτόν τον τοίχο είναι η ταπεινοφροσύνη.

Όσοι από εσάς έχετε διαβάσει την *Αυτοβιογραφία ενός Γιόγκι*, θα θυμάστε ότι όταν ο Λαχίρι Μαχασάγια είδε τον *Μαχαβατάρ* Μπάμπατζι να πλένει τα πόδια ενός κοινού σάντου στην Κούμπα Μέλα[4], έμεινε έκπληκτος. «Γκούρουτζι!» αναφώνησε. «Τι κάνεις εδώ;»

«Πλένω τα πόδια αυτού του απαρνητή», απάντησε ο Μπάμπατζι «και ύστερα θα πλύνω και τα μαγειρικά σκεύη του. Μαθαίνω τη μεγαλύτερη αρετή όλων, αυτή που ευχαριστεί τον Θεό περισσότερο από οποιαδήποτε άλλη – την ταπεινοφροσύνη».

Η ταπεινοφροσύνη είναι η σοφία που αναγνωρίζει τον Έναν που είναι μεγαλύτερος από εμάς. Οι περισσότεροι άνθρωποι προσκυνούν τον εγώ - εαυτό. Όμως αντί αυτού, και καθώς υποκλίνεται στο ιδανικό ενός μεγαλύτερου Εαυτού και στον γκουρού ως εργαλείο του Θείου, του οποίου τη βοήθεια αναζητά για να συνειδητοποιήσει αυτόν τον Εαυτό, ο πιστός αποκτά την απαραίτητη ταπεινοφροσύνη για να γκρεμίσει το τείχος της φυλακής του εγώ και νιώθει μέσα του μια διαρκώς διευρυνόμενη θεϊκή συνειδητότητα να αναβλύζει από εκείνον τον μεγαλύτερο Εαυτό.

Ο ταπεινόφρον άνθρωπος είναι ένας αληθινά ειρηνικός άνθρωπος, ένας αληθινά χαρούμενος άνθρωπος. Η αστάθεια της ανθρώπινης συμπεριφοράς και της ανθρώπινης αγάπης δεν τον ταράσσουν. Δεν πληγώνεται από την αστάθεια της ανθρώπινης συντροφικότητας ή την εφήμερη φύση

---

[4] Ένα θρησκευτικό πανηγύρι στο οποίο παρευρίσκονται χιλιάδες ασκητές και προσκυνητές.

της θέσης και της ασφάλειας σε αυτόν τον κόσμο. Όλες οι σκέψεις ιδιοτέλειας και αυτοθαυμασμού συρρικνώνονται και ξεθωριάζουν στον ταπεινόφρονα άνθρωπο. Οι γραφές λένε: «Όταν αυτό το 'εγώ' πεθάνει, τότε θα ξέρω ποιος είμαι εγώ». Όταν φύγει το εγώ, η ψυχή – αυτή η εικόνα του Θεού που κοιμάται μέσα μας – έχει επιτέλους τη δυνατότητα να αφυπνιστεί και να εκφραστεί. Τότε ο πιστός εκδηλώνει όλες τις θεϊκές ιδιότητες της ψυχής του στη ζωή του και απελευθερώνεται για πάντα από την άγνοια της *μάγια*, της κοσμικής αυταπάτης που έχει επιβληθεί σε όλα τα πλάσματα που παίζουν στο θεατρικό έργο της δημιουργίας του Θεού.

Γι' αυτό να θυμάσαι: ο σεβασμός προκαλεί λατρεία· και ακολουθεί η ταπεινοφροσύνη. Καθώς ο πιστός αναπτύσσει αυτές τις ιδιότητες, ξεκινάει να πορεύεται προς τον Στόχο της πνευματικής του αναζήτησης.

Η ποιότητα της πίστης

Η σχέση γκουρού-μαθητή τελειοποιεί την ιδιότητα της πίστης στον *τσέλα*. Ο κόσμος στον οποίο ζούμε είναι βασισμένος στη σχετικότητα, συνεπώς είναι ασταθής. Δεν γνωρίζουμε αν από μέρα σε μέρα τα σώματά μας θα είναι καλά ή θα βασανιστούν από την αρρώστια. Δεν γνωρίζουμε αν οι αγαπημένοι μας που είναι μαζί μας τώρα, θα είναι μαζί μας και αύριο ή αν θα φύγουν από αυτή τη γη. Δεν γνωρίζουμε αν η ειρήνη που απολαμβάνουμε σήμερα, θα καταστραφεί από έναν πόλεμο αύριο. Αυτή η άγνοια δημιουργεί στον άνθρωπο μια μεγάλη ανασφάλεια. Για αυτόν τον λόγο υπάρχουν σήμερα τόσες νοητικές ασθένειες, τόση ανησυχία. Είναι και ο λόγος για τον οποίον ο άνθρωπος προσκολλάται τυφλά στα υλικά αγαθά. Θέλει μια καλύτερη θέση, μεγαλύτερο όνομα και φήμη, περισσότερο χρήμα. Θέλει ένα μεγαλύτερο σπίτι, περισσότερα ρούχα, ένα καινούργιο αυτοκίνητο. Πιστεύει πως όλα αυτά θα του δώσουν ασφάλεια μέσα σε έναν τρομακτικό και αβέβαιο κόσμο. Γραπώνεται από απλά πράγματα και τα μετατρέπει σε Θεούς του.

Η αληθινή πίστη γεννιέται από την *εμπειρία* της αλήθειας και της πραγματικότητας, την άμεση γνώση και τη βεβαιότητα ύπαρξης των θεϊκών δυνάμεων που συντηρούν όλη τη δημιουργία. Ο άνθρωπος είναι ανασφαλής διότι δεν έχει πίστη σε αυτόν τον βαθμό. Ο Ιησούς Χριστός είπε: «Ἀμὴν γὰρ λέγω ὑμῖν, ἐὰν ἔχητε πίστιν ὡς κόκκον σινάπεως, ἐρεῖτε τῷ ὄρει τούτῳ μετάβηθι ἐντεῦθεν ἐκεῖ, καὶ μεταβήσεται, καὶ οὐδὲν ἀδυνατήσει ὑμῖν» (Κατά Ματθαίον, 17:20).

Ο λόγος που δεν αρχίζουμε να εκφράζουμε πίστη στη ζωή μας είναι ότι δυσκολευόμαστε ακόμη και να πιστέψουμε σε «αυτά που δεν βλέπουμε». Είναι γεγονός ότι ο άνθρωπος δεν μπορεί να έχει πίστη μέχρι να βιώσει κάτι στη ζωή του που δεν θα τον απογοητεύσει. Η σχέση γκουρού-μαθητή οδηγεί σε αυτή τη βεβαιότητα. Ο μαθητής ανακαλύπτει στον γκουρού αυτόν που εκπροσωπεί τον Θεό: ο γκουρού ζει μέσω θεϊκών αρχών· αποδεικνύει το πνεύμα του Θεού στη ζωή του· είναι μια ενσάρκωση «αυτών που δεν βλέπουμε».

Ο γκουρού είναι επίσης μια εκδήλωση ανιδιοτελούς θεϊκής αγάπης. Είναι αυτός που, ότι και να κάνουμε, δεν θα αλλάξει ποτέ το πόσο μας αγαπάει. Συνειδητοποιούμε ότι είναι μια αγάπη που μπορούμε να εμπιστευτούμε. Και καθώς τη βλέπουμε να αποδεικνύεται μέρα με τη μέρα, χρόνο με τον χρόνο, η πίστη στην αγάπη του γκουρού μεγαλώνει. Συνειδητοποιούμε ότι ο Θεός μας έστειλε αυτόν που θα μας προσέχει κάθε στιγμή, μέρα με τη μέρα, μια ζωή μετά την άλλη – αυτόν που δεν θα μας χάσει ποτέ από τα μάτια του. Αυτός είναι ο γκουρού, στον οποίο η πίστη μας ανθίζει μέσα από την αναγνώριση της ενότητάς του με το πάντα αιώνιο, αμετάβλητο Πνεύμα.

Η σχέση γκουρού-μαθητή απαιτεί απόλυτη πίστη από τη μεριά του μαθητή. Ο γκουρού λέει στον *τσέλα*, «Παιδί μου, αν θέλεις να γνωρίσεις τον Θεό, αν θέλεις να έχεις τη δύναμη να επιστρέψεις σε Αυτόν, πρέπει να αναπτύξεις πίστη σε Αυτό που δεν μπορείς να δεις, που δεν μπορείς να αγγίξεις αυτή τη στιγμή, σε Αυτό που δεν μπορεί να γίνει αντιληπτό με τις αισθήσεις σου. Πρέπει να έχεις πίστη σε αυτόν τον Έναν που είναι αόρατος, διότι Εκείνος είναι η μόνη Πραγματικότητα πίσω από όλα όσα φαίνονται τόσο αληθινά στις περιορισμένες ανθρώπινες αισθήσεις σου».

Για να βοηθήσει τον μαθητή να καλλιεργήσει την πίστη του, ο γκουρού λέει: «Ακολούθησέ με, ακόμη και τυφλά αν χρειαστεί». Το εγώ θολώνει τη διορατικότητά μας, αλλά η διορατικότητα του γκουρού είναι αλάνθαστη. Τα μάτια της σοφίας του είναι πάντα ανοιχτά. Για εκείνον δεν υπάρχει διαφορά ανάμεσα στο χθες, στο σήμερα και στο αύριο. Κατά τη θεϊκή του αντίληψη, το παρελθόν, το παρόν και το μέλλον είναι το ίδιο. Ο Παραμαχάνσατζι έλεγε συχνά: «Στη συνειδητότητα του Θεού δεν υπάρχει χρόνος, ούτε χώρος· τα πάντα συμβαίνουν στο αιώνιο τώρα. Ο άνθρωπος βλέπει μόνο έναν μικρό κρίκο στην αλυσίδα της αιωνιότητας, ωστόσο νομίζει ότι τα ξέρει όλα». Ο γκουρού, ο οποίος είναι ένα με τον Θεό και η συνειδητότητά του έχει απελευθερωθεί από την αυταπάτη που θολώνει τον κοινό ανθρώπινο νου, βλέπει την αιωνιότητα. Βλέπει την παρούσα κατάσταση του μαθητή, βλέπει τι προσπαθεί ο *τσέλα* να γίνει, τις δυσκολίες που έχει αντιμετωπίσει κατά τις πολλές ενσαρκώσεις του και τα εμπόδια που βρίσκονται μπροστά του. Μόνο ο γκουρού μπορεί να πει: «Αυτή είναι η πορεία προς τον Θεό». Ακόμη και να πρέπει ο μαθητής να ακολουθήσει τυφλά, το μονοπάτι του είναι ασφαλές και σίγουρο.

Από τα πρώτα στάδια της *σάντανα*, πρέπει κανείς να ακούει και να ακολουθεί με πίστη, ακόμη και όταν κάποια πτυχή των διδασκαλιών του Γκουρού δεν του είναι πλήρως κατανοητή. Ενίοτε, όταν ένας μαθητής άρχιζε να επιχειρηματολογεί μαζί του, προσπαθώντας να εκλογικεύσει μια οδηγία που είχε δώσει, ο Γκουρουντέβα του επισήμαινε: «Δεν έχω χρόνο για τη λογική σου. Απλώς κάνε αυτό που είπα». Στην αρχή, αυτό συχνά φαινόταν παράλογο στον *τσέλα*. Αλλά όσοι τον υπάκουσαν χωρίς να τον αμφισβητήσουν, αμείφθηκαν από αυτό το είδος εκπαίδευσης. Ακολούθησε τις διδασκαλίες του γκουρού, διότι εκείνος βλέπει, γνωρίζει. Θα σε καθοδηγήσει εσωτερικά, καθώς εκτελείς τις οδηγίες του με προσήλωση και προθυμία. Η εμπιστοσύνη στον γκουρού του επιτρέπει να γαλουχήσει την πανίσχυρη δύναμη πίστης μέσα στον μαθητή του.

Έχοντας τον γκουρού, έχουμε αυτόν που θα μας δώσει την ασφάλεια στον Θεό, το χέρι του οποίου μπορούμε να κρατήσουμε με τη βεβαιότητα ότι θα μας οδηγήσει με ασφάλεια μέσα από το σκοτάδι της *μάγια*, έτσι ξεκινάμε να αναπτύσσουμε την πίστη που χρειάζεται για να γνωρίσουμε τον Θεό.

Η βοήθεια του Γκουρού

Ο γκουρού βοηθάει τον μαθητή με αναρίθμητους τρόπους. Ίσως ο σπουδαιότερος απ' όλους να είναι ότι εμπνέει τον *τσέλα* όντας ο ίδιος παράδειγμα θεϊκών ιδιοτήτων: είναι η «ομιλούσα φωνή του σιωπηλού Θεού»[5] και η ενσάρκωση της ύψιστης σοφίας και της πιο αγνής αγάπης· ενσωματώνει τις ψυχικές ιδιότητες που αντανακλούν τον Θεό· συμβολίζει τον δρόμο και τον Στόχο. Ο Ιησούς Χριστός είπε: «Ἐγώ εἰμι ἡ ὁδὸς καὶ ἡ ἀλήθεια καὶ ἡ ζωή» (Κατά Ιωάννην, 14:6). Ο Γκουρού είναι ο τρόπος· ως ένα υπέρτατο παράδειγμα της *σάντανα* που δίνει στους μαθητές του, αποδεικνύει τους θεϊκούς νόμους της Αλήθειας και διδάσκει τον τρόπο να τους εφαρμόσουμε για να γνωρίσουμε τον Θεό. Δίνει στον *τσέλα* την πνευματική έμπνευση και ζωτικότητα για να ακολουθήσει το μονοπάτι που οδηγεί στην αιώνια εν Θεώ ζωή.

---

5 Από το απόσπασμα όπου ο Παραμαχάνσα Γιογκανάντα αποτίει φόρο τιμής στον γκουρού του Σουάμι Σρι Γιουκτέσβαρ στο βιβλίο *Whispers from Eternity*, δημοσιευμένο από το Self-Realization Fellowship.

Ο αρχάριος μαθητής μπορεί να σκεφτεί ορθολογιστικά ότι εφόσον ο γκουρού είναι θεϊκός, ο *τσέλα* δεν μπορεί να ελπίζει να τον φτάσει. Ένας τέτοιος μαθητής παραπονέθηκε ότι δεν μπορούσε να κάνει μια εργασία που του ζήτησε ο Παραμαχάνσα Γιογκανάντα, καθώς θεώρησε πως ήταν πέρα από τις δυνατότητές του. Ο Παραμαχάνσατζι απάντησε γρήγορα και με έμφαση:

«*Εγώ* μπορώ να το κάνω!»

«Αλλά, Γκουρουντέβα, *εσύ* είσαι ο Γιογκανάντα. Είσαι ένα με τον Θεό». Ο μαθητής περίμενε ότι ο Παραμαχάνσατζι θα του έλεγε: «Ναι, έχεις δίκιο. Απλά πάρε τον χρόνο σου. Τελικά θα τα καταφέρεις».

Όμως ο Γκουρουντέβα απάντησε: «Υπάρχει μόνο μια διαφορά ανάμεσα σε εσένα και σε έναν Γιογκανάντα. *Εγώ* έκανα την προσπάθεια· τώρα *εσύ* πρέπει να κάνεις την προσπάθεια!»

Δύο εκφράσεις που ο Παραμαχάνσατζι δεν επέτρεπε ποτέ στους εκπαιδευόμενους μαθητές του να πουν ήταν: «Δεν μπορώ» και «Δεν θέλω». Επέμενε στο ότι πρέπει κανείς να είναι πρόθυμος να κάνει την προσπάθεια.

«Η ζωή είναι σαν ένα ποτάμι που ρέει γοργά», έλεγε συχνά ο Παραμαχάνσατζι. «Όταν αναζητάς τον Θεό, κολυμπάς αντίθετα στο ρεύμα των κοσμικών τάσεων που τραβούν τον νου σου προς την περιορισμένη συνειδητότητα της ύλης και των αισθήσεων. Πρέπει να κάνεις την προσπάθεια να κολυμπάς κάθε στιγμή "κόντρα στο ρεύμα". Αν χαλαρώσεις, το ισχυρό ρεύμα της αυταπάτης θα σε παρασύρει. Πρέπει να κάνεις συνεχείς προσπάθειες».

Οι βεδικές γραφές δηλώνουν ότι η πνευματική προσπάθεια του μαθητή αποτελεί μόνο το είκοσι πέντε τοις εκατό των πνευματικών δυνάμεων που απαιτούνται για να επιστρέψει η ψυχή του στον Θεό. Ένα επιπλέον είκοσι πέντε τοις εκατό δίνεται από τις ευλογίες του γκουρού. Το πενήντα τοις εκατό που απομένει, παραχωρείται από τη χάρη του Θεού. Έτσι, η προσπάθεια του μαθητή εξισώνεται με του γκουρού και ο Θεός κάνει όσα κάνουν μαζί ο μαθητής και ο γκουρού. Παρόλο που η προσπάθεια του μαθητή αποτελεί μόνο το ένα τέταρτο του συνόλου, πρέπει να προχωρήσει και να εκτελέσει πλήρως το δικό του μέρος και να μην περιμένει να λάβει πρώτα τις ευλογίες του Θεού και του γκουρού. Καθώς ο πιστός καταβάλλει τη μέγιστη προσπάθεια να κάνει το δικό του μέρος, λαμβάνει αυτόματα τις ευλογίες του γκουρού και τη χάρη του Θεού.

Ο γκουρού επίσης βοηθάει τον μαθητή επωμιζόμενος ένα μεγάλο μέρος του βάρους του κάρμα του.[6] Μπορεί επίσης, με εντολή του Θεού, να επωμιστεί ένα μέρος του μαζικού κάρμα της ανθρωπότητας.

«Ὁ υἱὸς τοῦ ἀνθρώπου οὐκ ἦλθε διακονηθῆναι, ἀλλὰ διακονῆσαι καὶ δοῦναι τὴν ψυχὴν αὐτοῦ λύτρον ἀντὶ πολλῶν (Κατά Ματθαίον, 20:28). Ο Ιησούς επέτρεψε να σταυρωθεί το σώμα του για να μπορέσει να επωμιστεί ένα

---

6 Τα αποτελέσματα παρελθοντικών ενεργειών, είτε αυτής, είτε μιας προηγούμενης ζωής· από το σανσκριτικό κρι, που σημαίνει «κάνω». Βλ. Γλωσσάριο.

μέρος του ατομικού κάρμα των μαθητών του και μέρος του μαζικού κάρμα του ανθρώπινου είδους. Συχνά, βλέπαμε τον Παραμαχάνσα Γιογκανάντα να επιδεικνύει αυτή την ιδιότητα. Κάποιες φορές, εκδήλωνε στο δικό του σώμα τα συμπτώματα μιας ασθένειας από την οποία είχε θεραπεύσει έναν άνθρωπο. Κατά τη διάρκεια του πολέμου της Κορέας, όντας σε κατάσταση *σαμάντι*, φώναζε από τους πόνους καθώς υπέφερε μαζί με τους πληγωμένους και ετοιμοθάνατους στρατιώτες στη μάχη.

Ένας καθρέφτης τελειότητας

Ο γκουρού επίσης υπηρετεί ως ένας καθρέφτης που αντικατοπτρίζει την εικόνα του μαθητή. Όταν ο πιστός πει: «Θέλω τον Θεό» βάζει τον εαυτό του στο μονοπάτι προς την τελειοποίηση, διότι για να γνωρίσει τον Θεό θα πρέπει να εκφράσει εκ νέου την έμφυτη τελειότητα της ψυχής του. Θα πρέπει να εξαλείψει το εγώ και την επιρροή του στον τρόπο σκέψης και στις πράξεις του. Αν ο μαθητής σταθεί μπροστά τον καθρέφτη του γκουρού με ευλάβεια, αφοσίωση, πίστη, υπακοή και παράδοση, εκείνος θα του δείξει όλα τα προσωπικά ελαττώματα και αδυναμίες του που στέκονται εμπόδιο στον δρόμο του προς τον Στόχο.

Παρόλο που ο Παραμαχάνσατζι έβλεπε τα ελαττώματά μας και τα επισήμαινε με ειλικρίνεια σε δεκτικούς πιστούς, ποτέ δεν επέμενε σε αυτά τα ελαττώματα. Επικεντρωνόταν πρωτίστως στις καλές ιδιότητες του καθενός. Όταν επέπληττε κάποιον, πρόσθετε: «Κάνε ενδοσκόπηση για να κατανοήσεις τη φύση της ατέλειάς σου, την αιτία και το αποτέλεσμά της· ύστερα, απομάκρυνέ την από τον νου σου. Μην προσκολλάσαι σε αυτό το ελάττωμα. Αντί αυτού, να επικεντρωθείς στο να καλλιεργήσεις ή να εκφράσεις την αντίθετη καλή ιδιότητα».

Έτσι, αν κανείς είναι γεμάτος αμφιβολίες, θα πρέπει να προσπαθήσει να εξασκήσει την πίστη. Αν είναι ανήσυχος, θα πρέπει να διαβεβαιώνει και να εξασκεί την ειρήνη: «Θεώρησε μια αρετή, αν δεν την έχεις».[7]

Πως να ακολουθούμε τον Γκουρού

Ο μαθητής πρέπει να μάθει να ακολουθεί τον γκουρού μιμούμενος το παράδειγμά του και εξασκώντας με πίστη τη *σάντανα* που του έδωσε. Όταν ο μαθητής κάνει τις πρώτες προσπάθειες, δεν μπορεί να τον ακολουθήσει τέλεια, όμως πρέπει να συνεχίσει να κάνει την απαραίτητη προσπάθεια μέχρι να πετύχει.

Για όσους πορεύονται στο μονοπάτι του Self-Realization Fellowship, το να ακολουθούν τον γκουρού σημαίνει να εμποτίζουν τον καθημερινό επιστημονικό διαλογισμό τους με λατρεία και να εξισορροπούν αυτό τον διαλογισμό με τη σωστή δραστηριότητα. Όπως μας δίδαξε ο Παραμαχάνσα Γιογκανάντα από τη Μπάγκαβατ Γκίτα, η σωστή δραστηριότητα, δηλαδή η δραστηριότητα που θυμίζει τον Θεό, εκτελείται χωρίς επιθυμία για τους καρπούς των πράξεών μας, χωρίς να ζητάμε αποτελέσματα για τον εαυτό μας, αλλά μόνο για να ευχαριστήσουμε τον Θεό.

---

[7] Άμλετ, πράξη 3, σκηνή IV.

Κάποιοι πιστεύουν ότι το να ζουν στην παρουσία του γκουρού σημαίνει να περνούν τις ημέρες τους στα πόδια του, κάνοντας διαλογισμό στην κατάσταση μακαριότητας του *σαμάντι* και απορροφώντας τα σοφά λόγια του. Αυτή δεν ήταν η εκπαίδευση που λάβαμε από τον γκουρού μας τον Παραμαχάνσα Γιογκανάντατζι. Ήμασταν πολύ ενεργοί και συχνά, πλήρως απασχολημένοι με το να υπηρετούμε. Ο Γκουρουντέβα ήταν ακούραστος στο έργο του για τον Θεό και την ανθρωπότητα· δίνοντας το παράδειγμα, μας δίδαξε όλους να είμαστε πλήρως αφοσιωμένοι. Το να είσαι πνευματικός, σημαίνει να εξαλείψεις το εγώ και τον εγωισμό. Αν εκείνος δούλευε όλη τη νύχτα, δουλεύαμε και εμείς όλη τη νύχτα. Η απεριόριστη αγάπη του Γκουρουντέβα για την ανθρωπότητα, εκφραζόταν ενεργά μέσα από την άοκνη υπηρεσία του. Ωστόσο, μας υπενθύμιζε διαρκώς ότι πρέπει να εξισορροπούμε αυτή τη δραστηριότητα με τον βαθύ διαλογισμό που οδηγεί στην κοινωνία με τον Θεό και στη συνειδητοποίηση του Εαυτού.

«Οι διδασκαλίες θα είναι ο γκουρού»

«Όταν φύγω», είχε πει ο Παραμαχάνσα Γιογκανάντα, «οι διδασκαλίες θα είναι ο γκουρού. Αυτοί που ακολουθούν πιστά το μονοπάτι του Self-Realization και εφαρμόζουν αυτές τις διδασκαλίες, θα συντονιστούν μαζί μου, με τον Θεό και τους παραμγκουρού[8] που έστειλαν αυτό το έργο». Μέσω των διδασκαλιών του Self-Realization Fellowship, κανείς βρίσκει όλη την καθοδήγηση και έμπνευση που χρειάζεται για να ακολουθήσει με σιγουριά το μονοπάτι που οδηγεί στον Θεό. Κάθε ακόλουθος του Self-Realization θα πρέπει να προσπαθεί διαρκώς να ζει σύμφωνα με τις συμβουλές του Γκουρουντέβα. Οι διδασκαλίες του εφαρμόζονται σε κάθε πτυχή της ζωής μας. Δεν θα πρέπει να αποτελούν απλά μια φιλοσοφία για εμάς, αλλά έναν τρόπο ζωής. Αυτοί που ζουν ακολουθώντας ανεπιφύλακτα τις διδασκαλίες του Παραμαχάνσατζι, γνωρίζουν την εξής αλήθεια: δεν υπάρχει διαχωρισμός ανάμεσα στον γκουρού και τον μαθητή. Είτε ο γκουρού βρίσκεται στην υλική μορφή του, είτε έχει φύγει από αυτή τη γη για να κατοικήσει στο αστρικό ή στο αιτιατό βασίλειο ή στο Πνεύμα στο υπερπέραν, βρίσκεται πάντα κοντά στον μαθητή που είναι συντονισμένος μαζί του. Αυτός ο συντονισμός οδηγεί στη σωτηρία. Ένας αληθινός γκουρού, όντας ενωμένος με τον Θεό, είναι παντοδύναμος· μπορεί να κατέβει από τον ουρανό και να βοηθήσει τον μαθητή να γνωρίσει τον Θεό. Αυτή η πνευματική βοήθεια είναι η θεϊκή και αιώνια υπόσχεση του γκουρού. Είναι μεγάλη τύχη για έναν μαθητή να οδηγηθεί σε έναν αληθινό γκουρού. Ακόμη μεγαλύτερη θα είναι η τύχη του, αν προσπαθήσει με

---

8 Κυριολ., «οι γκουρού παραπέρα»· σε αυτή την περίπτωση, ο Σουάμι Σρι Γιουκτέσβαρ (γκουρού του Παραμαχάνσα Γιογκανάντα), ο Λαχίρι Μαχασάγια (γκουρού του Σρι Γιουκτέσβαρ) και ο Μαχαβατάρ Μπάμπατζι (γκουρού του Λαχίρι Μαχασάγια).

ειλικρίνεια να φτάσει στην τελειότητα, δείχνοντας υπακοή και αληθινή αφοσίωση στις διδασκαλίες του γκουρού.

Η σχέση γκουρού-μαθητή είναι αιώνια

Ο γκουρού είναι πανταχού παρών. Η βοήθειά του, η καθοδήγησή του και οι διδασκαλίες του επικρατούν όχι μόνο για τα λίγα χρόνια που διαμένει στη γη, αλλά για πάντα. Πόσο συχνά έλεγε ο γκουρού μας: «Πολλοί αληθινοί πιστοί έχουν έρθει κατά τη διάρκεια της ζωής μου. Τους αναγνωρίζω από προηγούμενες ζωές. Και θα έρθουν και άλλοι πολλοί. Τους γνωρίζω. Θα έρθουν μετά που θα έχω εγκαταλείψει αυτό το σώμα». Η βοήθεια του γκουρού στους ειλικρινείς ακολούθους δεν σταματάει όταν εγκαταλείψει το σώμα. Αν ήταν έτσι, δεν θα ήταν ένας αληθινός γκουρού. Η συνειδητότητα του αληθινού γκουρού είναι αιώνια: πάντα ξάγρυπνος, πάντα συντονισμένος, δεν τον εμποδίζουν οι πόρτες της ζωής και του θανάτου που ανοιγοκλείνουν. Η επίγνωσή του για τον μαθητή και ο σύνδεσμος που έχει μαζί του, είναι αιώνια.

Όταν μια μέρα μιλούσε για τη στιγμή που δεν θα ήταν πια κοντά μας με την υλική του μορφή, ο Παραμαχάνσατζι αναφερόταν στην αιώνια ευθύνη που φέρει ο γκουρού: «Να θυμάστε πάντα ότι όταν εγκαταλείψω αυτό το σώμα, δεν θα μπορώ πια να σας μιλάω με αυτή τη φωνή, αλλά θα γνωρίζω κάθε πράγμα που σκέφτεστε και κάθε πράξη που κάνετε».

Όπως ο Θεός είναι πανταχού παρών, έτσι και ο γκουρού είναι πανταχού παρών. Γνωρίζει τι υπάρχει στον νου και στην καρδιά του κάθε μαθητή. «Δε μπαίνω ποτέ στις ζωές αυτών που δεν το θέλουν», είπε ο Παραμαχάνσατζι, «αλλά είμαι πάντοτε παρών στις ζωές όσων μου έχουν δώσει αυτό το δικαίωμα και αναζητούν την καθοδήγησή μου. Η συνειδητότητά μου είναι συντονισμένη με τη δική τους· έχω επίγνωση ακόμη και της πιο μικρής δόνησης στη συνειδητότητά τους».

Ακόμη και όταν ο Γκουρουντέβα ήταν ενσαρκωμένος ανάμεσά μας, μάς δίδασκε να μην εξαρτόμαστε από την προσωπικότητά του, αλλά να προσπαθούμε για συντονισμό μαζί του στον νου και τη συνειδητότητα. Διαχειριζόταν τις σκέψεις μας, τις καταστάσεις συνειδητότητάς μας. Σήμερα, λόγω του συντονισμού που έχουμε αποκτήσει μαζί του, δεν υπάρχει διαφορά, είτε είναι παρών ο Γκουρουντέβα στην υλική του μορφή, είτε όχι. Θα είναι για πάντα μαζί μας.

Ανάμεσα σε εμάς εδώ στο Συνέδριο για την Πεντηκοστή Επέτειο, υπάρχουν εκατοντάδες από πολλά μέρη του κόσμου που δεν γνώρισαν τον Παραμαχάνσατζι κατά τη διάρκεια της ζωής του. Παρ' όλα αυτά, δείτε πόσα έχει κερδίσει ο καθένας από εσάς από τις διδασκαλίες του Γκουρουντέβα, στην ειλικρινή πνευματική αναζήτησή σας! Οι ευλογίες του έχουν φτάσει σε εσάς διότι είναι πανταχού παρών και επειδή εσείς έχετε γίνει δεκτικοί μέσω της λατρεία σας, της εφαρμογής των διδασκαλιών του και της πίστης σας στο ίδρυμα που έχει ιδρύσει. Αυτές οι καλές πράξεις και ιδιότητες, έχουν προσφέρει σε εσένα, στον μαθητή, έναν βαθύ πνευματικό συντονισμό με τον Παραμαχάνσα Γιογκανάντα, τον γκουρού.

Η *ντίκσα* του γκουρού

Η σχέση γκουρού-μαθητή, συνάπτεται επίσημα μέσω της ευλογίας του Θεού όταν ο μαθητής λαμβάνει τη *ντίκσα*, δηλαδή τη μύηση ή πνευματικό βάπτισμα από τον γκουρού ή μέσω του καναλιού που δημιούργησε ο γκουρού. Κατά τη διάρκεια της μύησης γίνεται μια αμοιβαία ανταλλαγή ανιδιοτελούς, αιώνιας αγάπης και πίστης· δημιουργείται ένας δεσμός με τον όρκο του μαθητή να δεχτεί και να ακολουθεί πιστά τον γκουρού και την υπόσχεση του γκουρού να οδηγήσει τον μαθητή στον Θεό.

Μέρος της *ντίκσα* είναι η παραχώρηση μιας πνευματικής τεχνικής από τον γκουρού η οποία θα είναι το μέσο για τη σωτηρία του μαθητή και την οποία ο μαθητής θα υποσχεθεί ότι θα εξασκήσει επιμελώς. Στο Self-Realization Fellowship, η *ντίκσα* είναι η παραχώρηση της Kriya Yoga, είτε μέσω μιας επίσημης τελετής μύησης ή σε περίπτωση που ο πιστός δεν δύναται να κάνει αυτό, μέσω ενός *μπιντουάτ* ή μη τελετουργικού τρόπου.

Χωρίς την ευλογία που φέρνει η σχέση γκουρού-μαθητή, λείπει ένα στοιχειώδες συστατικό από την εξάσκηση ακόμη και μιας τόσο πνευματικά ισχυρής τεχνικής όπως η Κρίγια Γιόγκα. Ο γκουρού θέτει ξεκάθαρα τις προϋποθέσεις που προηγούνται της αποδοχής οποιουδήποτε πιστού ως μαθητή. Συνεπώς, η μύηση θα πρέπει να ληφθεί με τρόπο που να εκπληρώνει αυτές τις προϋποθέσεις και κατ' αυτόν τον τρόπο ο μαθητής συνδέεται με τον γκουρού· τότε, στη ζωή του πιστού, ξεκινάει να ασκείται η πνευματική δύναμη αυτής της σχέσης.

Ο μεγάλος Ινδός ποιητής-άγιος Καμπίρ δόξαζε τον γκουρού ψάλλοντας τα εξής λόγια:

Η ευσπλαχνία του αληθινού μου γκουρού με έκανε να γνωρίσω το άγνωστο·

Έμαθα από εκείνον πως να περπατώ χωρίς πόδια, να βλέπω χωρίς μάτια, να ακούω χωρίς αυτιά, να πίνω χωρίς στόμα, να πετάω χωρίς φτερά.

Έφερα την αγάπη και τον διαλογισμό μου στον τόπο όπου δεν υπάρχει ήλιος και φεγγάρι, ούτε ημέρα και νύχτα.

Δοκίμασα τη γλύκα του νέκταρ, χωρίς να φάω· και χωρίς νερό, έσβησα τη δίψα μου.

Όπου βρίσκεται η απάντηση της απόλαυσης, υπάρχει η πληρότητα της χαράς. Μπροστά σε ποιον μπορεί να εκφραστεί αυτή η χαρά;

Ο Καμπίρ λέει: «Ο γκουρού είναι σπουδαίος πέρα από τις λέξεις και σπουδαία είναι η καλή τύχη του μαθητή».

ΣΧΕΤΙΚΑ ΜΕ ΤΗ ΣΥΓΓΡΑΦΕΑ

Η Σρι Μριναλίνι Μάτα, ένας από τους ανθρώπους που εκπαιδεύτηκε και επιλέχθηκε προσωπικά από τον Παραμαχάνσα Γιογκανάντα για να συνεχίσει τον σκοπό της οργάνωσής του μετά τον θάνατό του, διατέλεσε πρόεδρος και πνευματικός επικεφαλής του Self-Realization Fellowship/ Yogoda Satsanga Society of India από το 2011 μέχρι που απεβίωσε το 2017. Αφιέρωσε πάνω από 70 χρόνια στην ανιδιοτελή υπηρεσία στο έργο του Παραμαχάνσα Γιογκανάντα.

Η μελλοντική Μριναλίνι Μάτα γνώρισε για πρώτη φορά τον Παραμαχάνσα Γιογκανάντα το 1945 στον Ναό του Self-Realization Fellowship στο Σαν Ντιέγκο. Τότε ήταν δεκατεσσάρων ετών. Λίγους μήνες αργότερα εκπληρώθηκε η επιθυμία της να αφιερώσει τη ζωή της στην αναζήτηση και την υπηρεσία στον Θεό όταν, κατόπιν συγκατάθεσης των γονέων της, εισήλθε στο άσραμ του Σρι Γιογκανάντα στην Ενσινίτας της Καλιφόρνια ως μοναχή του Self-Realization Fellowship.

Μέσω καθημερινής συνεργασίας στα χρόνια που ακολούθησαν (μέχρι τη στιγμή που ο Γκουρού απεβίωσε το 1952), ο Παραμαχάνσατζι αφιέρωσε ιδιαίτερη προσοχή στην πνευματική εκπαίδευση αυτής της μοναχής. (Επίσης ολοκλήρωσε την τυπική της εκπαίδευση στα τοπικά σχολεία). Από την αρχή της ζωής της στο άσραμ, εκείνος αναγνώρισε και μιλούσε ανοιχτά στους άλλους μαθητές για τον μελλοντικό της ρόλο και την εκπαίδευε προσωπικά στο να ετοιμάζει τα συγγράμματα και τις ομιλίες του που προορίζονταν για να δημοσιευτούν μετά τον θάνατό του.

Η Μριναλίνι Μάτα (το όνομά της αναφέρεται στο λουλούδι του λωτού, το οποίο στην Ινδία θεωρείται παραδοσιακά ένα σύμβολο αγνότητας και πνευματικής εξέλιξης) υπηρέτησε για πολλά χρόνια ως αρχισυντάκτρια των βιβλίων, των *Μαθημάτων* και των περιοδικών του *Self-Realization Fellowship*.

Ανάμεσα στα έργα που έχουν δημοσιευτεί ως αποτέλεσμα των προσπαθειών της, βρίσκεται ο αριστουργηματικός σχολιασμός του Παραμαχάνσα Γιογκανάντα επάνω στα τέσσερα Ευαγγέλια (με τίτλο: *The Second Coming of Christ: The Resurrection of the Christ Within You*)· η κριτικά καταξιωμένη του μετάφραση και σχολιασμός της Μπαγκαβάτ Γκίτα (*God Talks With Arjuna*)· αρκετοί τόμοι της ποίησης και των εμπνευστικών γραπτών του· και τρεις εκτεταμένες ανθολογίες με συλλογές από ομιλίες και δοκίμιά του.

Ηχογραφημενες ομιλιες σε CD απο τη Σρι Μριναλινι Ματα

Look Always to the Light
Living in Attunement With the Divine
The Yoga Sadhana That Brings God's Love and Bliss
Guided Meditation for Christmastime
Embracing and Sharing the Universal Love of God
Tuning In to God's Omnipresence
The Guru: Messenger of Truth
The Interior Life
If You Would Know the Guru

ΠΑΡΑΜΑΧΑΝΣΑ ΓΙΟΓΚΑΝΑΝΤΑ
(1893-1952)

«Το ιδανικό της αγάπης για τον Θεό και της υπηρεσίας προς την ανθρωπότητα, βρήκε πλήρη έκφραση στη ζωή του Παραμαχάνσα Γιογκανάντα... Παρόλο που το μεγαλύτερο μέρος της ζωής του το πέρασε έξω από την Ινδία, έχει θέση ανάμεσα στους μεγαλύτερους αγίους μας. Το έργο του συνεχίζει να μεγαλώνει και να λάμπει όλο και περισσότερο, προσελκύοντας ανθρώπους από παντού στο μονοπάτι του προσκυνήματος του Πνεύματος».

- από τον φόρο τιμής που απότινε η Κυβέρνηση της Ινδίας στον Παραμαχάνσα Γιογκανάντα, κατά την έκδοση του αναμνηστικού γραμματοσήμου προς τιμή του

Γεννημένος στην Ινδία στις 5 Ιανουαρίου του 1893, ο Παραμαχάνσα Γιογκανάντα αφιέρωσε τη ζωή του στο να βοηθάει ανθρώπους κάθε φυλής και θρησκείας να συνειδητοποιήσουν και να εκφράσουν στη ζωής τους την αληθινή ομορφιά, ευγένεια και θεϊκή φύση του ανθρώπινου πνεύματος, με μεγαλύτερη πληρότητα.

Μετά την αποφοίτησή του από το Πανεπιστήμιο της Καλκούτα το 1915, ο Σρι Γιογκανάντα έδωσε επίσημους όρκους ως μοναχός του σεβάσμιου μοναστικού Τάγματος των Σουάμι της Ινδίας. Δύο χρόνια αργότερα, ξεκίνησε το έργο της ζωής του με την ίδρυση ενός σχολείου που επικεντρωνόταν στο «πως να ζούμε» - από τότε εξαπλώθηκε σε δεκαεπτά εκπαιδευτικά ιδρύματα σε όλη την Ινδία - όπου προσφέρονταν παραδοσιακά ακαδημαϊκά μαθήματα παράλληλα με εκπαίδευση στη γιόγκα και καθοδήγηση στα πνευματικά ιδανικά. Το 1920, προσκλήθηκε να υπηρετήσει ως αντιπρόσωπος της Ινδίας σε ένα Διεθνές Συνέδριο Θρησκευόμενων Φιλελευθέρων στη Βοστώνη. Η ομιλία του στο Συνέδριο και οι επακόλουθες διαλέξεις στην Ανατολική Ακτή έγιναν δεκτές με ενθουσιασμό και το 1924 ξεκίνησε το ταξίδι του για μια διηπειρωτική περιοδεία ομιλιών.

Για τις επόμενες τρεις δεκαετίες, ο Παραμαχάνσα Γιογκανάντα συνέβαλλε ευρέως στο να δημιουργηθεί στη Δύση μια μεγαλύτερη συνείδηση και εκτίμηση για την πνευματική σοφία της Ανατολής. Εγκατέστησε στο Λος Άντζελες τη διεθνή έδρα του Self-Realization Fellowship – τη μη σεκταριστική θρησκευτική οργάνωση που ίδρυσε το 1920. Μέσω των γραπτών του, των εκτεταμένων περιοδειών διαλέξεων και τη δημιουργία ναών και κέντρων διαλογισμού του Self-Realization Fellowship, παρουσίασε την αρχαία επιστήμη και φιλοσοφία της Γιόγκα και τις οικουμενικά εφαρμόσιμες μεθόδους διαλογισμού σε εκατοντάδες χιλιάδες αναζητητές της αλήθειας.

Σήμερα, το πνευματικό και ανθρωπιστικό έργο που ξεκίνησε από τον Παραμαχάνσα Γιογκανάντα, συνεχίζεται υπό τη διεύθυνση του Αδελφού Τσιντανάντα, προέδρου του Self-Realization Fellowship/Yogoda Satsanga Society of India. Εκτός από τη δημοσίευση των γραπτών, των διαλέξεων και των ανεπίσημων ομιλιών του (συμπεριλαμβανομένης της περιεκτικής σειράς των *Μαθημάτων του Self-*

Realization Fellowship για κατ' οίκον μελέτη), η οργάνωση επιβλέπει και ναούς, ησυχαστήρια και κέντρα σε όλο τον κόσμο· τις μοναστικές κοινότητες του Self-Realization Fellowship και τον Παγκόσμιο Κύκλο Προσευχής.

Σε ένα άρθρο του για τη ζωή και το έργο του Σρι Γιογκανάντα, ο Dr. Quincy Howe, Jr., καθηγητής αρχαίων γλωσσών στο Scripps College, έγραψε: «Ο Παραμαχάνσα Γιογκανάντα έφερε στη Δύση όχι μόνο την αιώνια υπόσχεση της Ινδίας για τη συνειδητοποίηση του Θεού, αλλά και μια πρακτική μέθοδο με την οποία άνθρωποι με πνευματικές επιδιώξεις, προερχόμενοι από κάθε κοινωνικό στρώμα, μπορούν να προοδεύσουν γρήγορα προς αυτόν τον στόχο. Αρχικά στη Δύση, η πνευματική κληρονομιά της Ινδίας μπορούσε να κατανοηθεί μόνο στο πιο υψηλό και θεωρητικό επίπεδο, όμως τώρα είναι προσβάσιμη και μπορούν να τη βιώσουν και να εξασκηθούν σε αυτήν όλοι όσοι λαχταρούν να γνωρίσουν τον Θεό, όχι στη μεταθανάτια ζωή, αλλά στο εδώ και τώρα... Ο Γιογκανάντα έχει κάνει προσιτές σε όλους τις πιο εξέχουσες μεθόδους περισυλλογής».

ΓΛΩΣΣΑΡΙΟ ΤΗΣ ΣΕΙΡΑΣ «ΠΩΣ ΝΑ ΖΟΥΜΕ»

άβαταρ. Από το σανσκριτικό *αβατάρα* («κάθοδος»), που δηλώνει την κάθοδο μίας θεότητας στη σάρκα. Αυτός που επιτυγχάνει την ένωση με το Πνεύμα και μετά επιστρέφει στη γη για να βοηθήσει την ανθρωπότητα, καλείται άβαταρ.

άσραμ. Ένα πνευματικό ερημητήριο· συχνά ένα μοναστήρι.

αστρικός κόσμος. Ο λεπτοφυής κόσμος φωτός και ενέργειας που βρίσκεται πίσω από το υλικό σύμπαν. Κάθε ον, κάθε αντικείμενο, κάθε δόνηση στο υλικό επίπεδο έχει ένα αστρικό αντίστοιχο, γιατί στο αστρικό σύμπαν (τον παράδεισο) βρίσκεται το πανομοιότυπο σχέδιο του υλικού μας σύμπαντος. Στο κεφάλαιο 43 της *Αυτοβιογραφίας ενός Γιόγκι* του Παραμαχάνσα Γιογκανάντα υπάρχει συζήτηση σχετική με τον αστρικό κόσμο και τον ακόμη πιο λεπτοφυή αιτιατό ή ιδεατό κόσμο της σκέψης.

Γιόγκα. Η λέξη Γιόγκα (από το σανσκριτικό *yuj*, «ένωση») σημαίνει ένωση της ατομικής ψυχής με το Πνεύμα· επίσης, οι μέθοδοι με τις οποίες επιτυγχάνεται αυτός ο στόχος. Υπάρχουν διάφορα συστήματα της Γιόγκα. Αυτό που διδάσκει ο Παραμαχάνσα Γιογκανάντα είναι η *Ράτζα Γιόγκα,* η «βασιλική» ή «ολοκληρωμένη» γιόγκα, η οποία επικεντρώνεται στην εξάσκηση επιστημονικών μεθόδων διαλογισμού. Ο σοφός Πατάντζαλι, ο κυριότερος επεξηγητής της Γιόγκα, έχει περιγράψει οκτώ συγκεκριμένα βήματα με τα οποία ο *Ράτζα*

Γιόγκι επιτυγχάνει το *σαμάντι*, την ένωση με τον Θεό. Αυτά είναι (1) τα *γιάμα*, η ηθική συμπεριφορά· (2) τα *νιγιάμα*, η τήρηση θρησκευτικών κανόνων· (3) η *άσανα*, η σωστή στάση του σώματος για την εξουδετέρωση της σωματικής νευρικότητας· (4) η *πραναγιάμα*, ο έλεγχος της *πράνα*, των λεπτοφυών ζωικών ρευμάτων· (5) η *πρατυαχάρα*, η εσωτερίκευση· (6) η *ντάρανα*, η αυτοσυγκέντρωση· (7) η *ντυάνα*, ο διαλογισμός· και (8) το *σαμάντι*, η υπερσυνείδητη εμπειρία.

γκουρού. Πνευματικός διδάσκαλος. Το *Γκουρού Γκίτα* (στίχος 17) περιγράφει εύστοχα τον γκουρού ως «αυτόν που διαλύει το σκοτάδι» (από το *γκου*, που σημαίνει «σκοτάδι» και το *ρου*, που σημαίνει «αυτό που διαλύει»). Παρόλο που η λέξη *γκουρού* συχνά χρησιμοποιείται λανθασμένα για να υποδηλώσει απλώς έναν δάσκαλο ή εκπαιδευτή, ένας αληθινός γκουρού που είναι φωτισμένος από τον Θεό είναι κάποιος που, έχοντας επιτύχει την αυτοκυριαρχία, έχει συνειδητοποιήσει την ενότητά του με το πανταχού παρόν Πνεύμα. Ένας τέτοιος διδάσκαλος έχει την μοναδική ικανότητα να καθοδηγήσει και άλλους στο εσωτερικό τους πνευματικό ταξίδι.

Η πλησιέστερη αγγλική λέξη στην λέξη *Γκουρού*, είναι η Λέξη *Master* η οποία στην ελληνική σημαίνει Διδάσκαλος ή Κύριος. Ως ένδειξη σεβασμού οι Μαθητές του Παραμαχάνσα Γιογκανάντα συχνά χρησιμοποιούσαν αυτό τον όρο(Master) όταν του απευθύνονταν ή όταν αναφέρονταν σε εκείνον.

Εαυτός. Με το έψιλον κεφαλαίο για να υποδηλώνει το *άτμαν* ή ψυχή, τη θεϊκή ουσία του ανθρώπου, σε αντιδιαστολή με τον συνηθισμένο εαυτό, ο οποίος είναι η ανθρώπινη προσωπικότητα ή το εγώ. Ο Εαυτός είναι εξατομικευμένο Πνεύμα, του οποίου η ουσιαστική φύση είναι πάντα υπάρχουσα, πάντα συνειδητή, πάντα ανανεούμενη Μακαριότητα.

κάρμα. Τα αποτελέσματα παρελθόντων πράξεων, σε αυτήν ή σε προηγούμενες ζωές. Ο νόμος του κάρμα είναι αυτός της δράσης και της αντίδρασης, της αιτίας και του αποτελέσματος, της σποράς και του θερισμού. Τα ανθρώπινα όντα, με τις σκέψεις και τις πράξεις τους, γίνονται οι πλάστες του πεπρωμένου τους. Οποιεσδήποτε ενέργειες έχει ενεργοποιήσει ένας άνθρωπος, σοφά ή μη, θα πρέπει να επιστρέψουν στον ίδιο ως το σημείο αφετηρίας τους, όπως ένας κύκλος που ολοκληρώνεται αμείλικτα. Το κάρμα ενός ανθρώπου τον ακολουθεί από ενσάρκωση σε ενσάρκωση μέχρις ότου αυτό εκπληρωθεί ή ξεπεραστεί με πνευματικό τρόπο. (Βλ. *μετενσάρκωση*).

Κατά Χριστόν Κέντρο. Το κέντρο της συγκέντρωσης και της θέλησης στο σημείο ανάμεσα στα φρύδια· έδρα της κατά Χριστόν Συνειδητότητας και του πνευματικού ματιού (βλ. λήμμα).

Κατά Χριστόν Συνειδητότητα (Christ Consciousness). Η προβαλλόμενη συνειδητότητα του Θεού που ενυπάρχει σε ολόκληρη τη δημιουργία. Στις Χριστιανικές Γραφές καλείται ο «Μονογενής Υιός», η μόνη καθαρή αντανάκλαση του Θεού ως Πατέρα μέσα στη δημιουργία· στις Ινδουιστικές Γραφές καλείται *Κουτάστα Τσαϊτάνια,* η συμπαντική νοημοσύνη του Πνεύματος που είναι πανταχού παρούσα μέσα στη δημιουργία. Είναι η οικουμενική συνειδητότητα, η ενότητα με τον Θεό, που εκδηλώθηκε από τον Ιησού, τον Κρίσνα και άλλους *άβαταρ*. Οι μεγάλοι άγιοι και οι γιόγκι τη γνωρίζουν ως την κατάσταση του διαλογισμού *σαμάντι (βλ. λήμμα)*, κατά την οποία η συνειδητότητά τους έχει ταυτιστεί με τη νοημοσύνη κάθε μορίου της δημιουργίας· αισθάνονται ολόκληρο το σύμπαν σαν να είναι το σώμα τους.

Κρίγια Γιόγκα. Μια ιερή πνευματική επιστήμη που αναπτύχθηκε στην Ινδία εδώ και χιλιετίες. Είναι μια μορφή της *Ράτζα* («βασιλικής» ή «ολοκληρωμένης») *Γιόγκα*, συμπεριλαμβάνει συγκεκριμένες προχωρημένες τεχνικές διαλογισμού που οδηγούν στην άμεση, προσωπική γνωριμία με τον Θεό. Η *Κρίγια Γιόγκα* εξηγείται στο κεφάλαιο 26 της *Αυτοβιογραφίας ενός Γιόγκι* και διδάσκεται στους σπουδαστές των Μαθημάτων του *Self-Realization Fellowship* που πληρούν ορισμένες πνευματικές προϋποθέσεις.

Κρίσνα. Βλ. *Μπάγκαβαν Κρίσνα*.

μάγια. Η απατηλή δύναμη που ενυπάρχει στη δομή της δημιουργίας, με την οποία το Ένα εμφανίζεται ως πολλά. Η *Μάγια* είναι η αρχή της σχετικότητας, της αντιστροφής, της αντίθεσης, της δυαδικότητας, των αντίθετων καταστάσεων· ο «Σατανάς» (στα εβραϊκά στην κυριολεξία «ο αντίπαλος») των προφητών της Παλαιάς Διαθήκης. Ο Παραμαχάνσα Γιογκανάντα έγραψε:

«Η σανσκριτική λέξη *μάγια* σημαίνει "ο καταμετρητής"· είναι η μαγική δύναμη στη δημιουργία, με την οποία οι περιορισμοί και οι διαχωρισμοί είναι εμφανώς παρόντες μέσα στο Απροσμέτρητο και το Αδιαίρετο... Στο σχέδιο και το έργο (*λίλα*) του Θεού, η μοναδική λειτουργία του Σατανά ή *μάγια* είναι να επιχειρεί να εκτρέψει τον άνθρωπο από το Πνεύμα στην ύλη, από την Πραγματικότητα στη μη πραγματικότητα. Η *μάγια* είναι το πέπλο της μεταβλητότητας στη Φύση... το πέπλο που κάθε άνθρωπος πρέπει να ανασηκώσει για να δει τον Δημιουργό πίσω από αυτό, τη σταθερή Αμεταβλητότητα, την αιώνια Πραγματικότητα».

μετενσάρκωση. Στο κεφάλαιο 43 της *Αυτοβιογραφίας ενός Γιόγκι* του Παραμαχάνσα Γιογκανάντα, μπορεί να βρει κανείς μια συζήτηση επάνω στη μετενσάρκωση. Όπως εξηγείται εκεί, οι παρελθοντικές πράξεις των ανθρώπινων όντων ενεργοποιούν, μέσω του νόμου του κάρμα *(βλ. λήμμα)*, τα αποτελέσματα που τους προσελκύουν να επιστρέφουν σε αυτό το υλικό επίπεδο. Μέσω διαδοχικών γεννήσεων και θανάτων επιστρέφουν στη γη ξανά και ξανά για να βιώσουν εδώ τις εμπειρίες που αποτελούν τους καρπούς αυτών των παρελθοντικών πράξεων και να συνεχίσουν τη διαδικασία της πνευματικής εξέλιξης που οδηγεί τελικά στη συνειδητοποίηση της εγγενούς τελειότητας και ενότητας της ψυχής με τον Θεό.

Μπάγκαβαν Κρίσνα (Άρχοντας Κρίσνα). Ένας *άβαταρ (βλ. λήμμα)* που έζησε στην αρχαία Ινδία, αιώνες πριν τη χριστιανική εποχή. Οι διδασκαλίες του επάνω στη Γιόγκα *(βλ. λήμμα)* παρουσιάζονται στη Μπαγκαβάτ Γκίτα. Μια από τις έννοιες που δίνονται στη λέξη *Κρίσνα* στις ιερές ινδουιστικές γραφές είναι «Πάνσοφο Πνεύμα». Έτσι *Κρίσνα,* όπως *Χριστός,* είναι ένας πνευματικός τίτλος που δηλώνει το θεϊκό μεγαλείο του *άβαταρ* – την ενότητά του με τον Θεό. (Βλ. *Κατά Χριστόν Συνειδητότητα*).

Μπαγκαβάτ Γκίτα. «Το Τραγούδι του Κυρίου». Μέρος του αρχαίου ινδικού έπους *Μαχαμπαράτα*, που παρουσιάζεται με τη μορφή ενός διαλόγου μεταξύ του *άβαταρ (βλ. λήμμα)* Άρχοντα Κρίσνα και του μαθητή του Αρτζούνα. Μια βαθυστόχαστη πραγματεία πάνω στην επιστήμη της Γιόγκα και μια αιώνια συνταγή για ευτυχία και επιτυχία στην καθημερινή ζωή.

Όμ. Η σανσκριτική ρίζα-λέξη ή ήχος-σπόρος που συμβολίζει εκείνη την όψη του Θεού που δημιουργεί και συντηρεί τα πάντα· Συμπαντική Δόνηση. Το *Όμ* των Βεδών έγινε η ιερή λέξη *Χαμ* των Θιβετιανών· το *Άμιν* των Μουσουλμάνων· και το *Αμήν* ή *Άμεν* των Αιγυπτίων, των Ρωμαίων, των Εβραίων και των Χριστιανών. Οι μεγάλες θρησκείες του κόσμου δηλώνουν ότι όλα τα δημιουργημένα πράγματα προέρχονται από τη συμπαντική δονητική ενέργεια του *Όμ* ή Αμήν, τον Λόγο ή Άγιο Πνεύμα. «Στην αρχή ήταν ο Λόγος, και ο Λόγος ήταν με τον Θεό, και Θεός ήταν ο Λόγος... Όλα μέσω αυτού έγιναν (του Λόγου ή του *Όμ*)· και χωρίς αυτόν δεν έγινε ούτε ένα το οποίο έγινε» (κατά Ιωάννη Α:1,3).

παραμαχάνσα. Πνευματικός τίτλος που υποδηλώνει αυτόν που έχει φτάσει στην ανώτατη κατάσταση αδιάσπαστης κοινωνίας με τον Θεό. Μπορεί να απονεμηθεί μόνο από έναν αληθινό γκουρού σ' έναν μαθητή που έχει τα απαιτούμενα προσόντα. Ο Σουάμι Σρι Γιουκτέσβαρ απένειμε τον τίτλο αυτόν στον αγαπημένο του μαθητή Παραμαχάνσα Γιογκανάντα το 1935.

πνευματικό μάτι. Το μονό μάτι της διαίσθησης και της πνευματικής αντίληψης στο κατά Χριστόν (*Κουτάστα*) κέντρο *(βλ. λήμμα)* ανάμεσα στα φρύδια· η είσοδος προς τις ανώτερες καταστάσεις συνειδητότητας. Κατά τον βαθύ διαλογισμό, το μονό ή πνευματικό μάτι γίνεται ορατό ως ένα λαμπερό αστέρι που περιβάλλεται από μια σφαίρα μπλε φωτός, η οποία με τη σειρά της είναι περικυκλωμένη από ένα φωτοστέφανο χρυσού φωτός. Το πάνσοφο μάτι αναφέρεται στις γραφές με ποικίλους τρόπους ως το τρίτο μάτι, το άστρο της Ανατολής, το εσωτερικό μάτι, το περιστέρι που κατεβαίνει από τους ουρανούς, το μάτι του Σίβα και το μάτι της διαίσθησης. «Όταν λοιπόν το μάτι σου είναι μονό, όλο το σώμα σου είναι φωτεινό» (Κατά Ματθαίον 6:22).

σαμάντι. Πνευματική έκσταση· υπερσυνείδητη εμπειρία· τελικά, ένωση με τον Θεό ως την υπέρτατη Αλήθεια που διαποτίζει τα πάντα.

Σατανάς. Βλ. μάγια.

Συμπαντική Συνειδητότητα. Το Απόλυτο· το Πνεύμα πέρα από τη δημιουργία. Επίσης, η κατάσταση του διαλογισμού *σαμάντι* της ενότητας με τον Θεό, και πέρα από τη δημιουργία και μέσα στη δονητική δημιουργία.

Συνειδητοποίηση του Εαυτού. Η συνειδητοποίηση της αληθινής μας ταυτότητας ως Εαυτός, ένα με τη συμπαντική συνειδητότητα του Θεού. Ο Παραμαχάνσα Γιογκανάντα έγραψε: «Συνειδητοποίηση του Εαυτού είναι το να γνωρίζουμε -στο σώμα, στον νου και στην ψυχή- ότι είμαστε ένα με την πανταχού παρουσία του Θεού· ότι δεν χρειάζεται να προσευχόμαστε να έρθει αυτή σ' εμάς, ότι δεν είμαστε απλώς κοντά της συνεχώς, αλλά ότι η πανταχού παρουσία του Θεού είναι η δική μας πανταχού παρουσία· ότι είμαστε τόσο ένα τμήμα Του τώρα, όσο θα είμαστε για πάντα. Το μόνο που χρειάζεται να κάνουμε είναι να βελτιώσουμε τη γνώση μας».

ΒΙΒΛΙΑ ΣΤΑ ΕΛΛΗΝΙΚΑ ΑΠΟ ΤΟΝ ΠΑΡΑΜΑΧΑΝΣΑ ΓΙΟΓΚΑΝΑΝΤΑ

Διαθέσιμα από τον εκδότη και τα ελληνικά βιβλιοπωλεία:

Μέζντα
Διαθέσιμο από τις εκδόσεις «Κέδρος»

Διαθέσιμα από τον εκδότη:
Self-Realization Fellowship
3880 San Rafael Avenue
Los Angeles, California 90065-3219
Τηλ. +1(323) 225-2471 • Φαξ +1(323) 225-5088
www.srfbooks.org

Αυτοβιογραφία Ενός Γιόγκι

Η Αιώνια Αναζήτηση του Ανθρώπου

Το Θεϊκό Ειδύλλιο

Ταξίδι Προς τη Συνειδητοποίηση του Εαυτού

Επιστημονικές Θεραπευτικές Διαβεβαιώσεις

Ο Νόμος της Επιτυχίας

Μεταφυσικοί Διαλογισμοί

Η Επιστήμη της Θρησκείας

Πώς μπορείτε να μιλάτε με τον Θεό

Ο Παραμαχάνσα Γιογκανάντα Είπε:

Μέσα στο Ιερό της Ψυχής

Εσωτερική Γαλήνη

ΒΙΒΛΙΑ ΣΤΑ ΕΛΛΗΝΙΚΑ ΑΠΟ ΑΛΛΟΥΣ ΣΥΓΓΡΑΦΕΙΣ

Η σχέση Γκουρού-Μαθητή
από τη Σρι Μριναλίνι Μάτα

ΒΙΒΛΙΑ ΣΤΑ ΑΓΓΛΙΚΑ ΑΠΟ ΤΟΝ ΠΑΡΑΜΑΧΑΝΣΑ ΓΙΟΓΚΑΝΑΝΤΑ

Autobiography of a Yogi

God Talks with Arjuna: The Bhagavad Gita
— *A New Translation and Commentary*

The Second Coming of Christ:
The Resurrection of the Christ Within You
— A Revelatory Commentary on the Original Teachings of Jesus

The Yoga of the Bhagavad Gita

The Yoga of Jesus

The Collected Talks and Essays
Volume I: **Man's Eternal Quest**
Volume II: **The Divine Romance**
Volume III: **Journey to Self-realization**

Wine of the Mystic:
The Rubaiyat of Omar Khayyam
— A Spiritual Interpretation

Songs of the Soul

Whispers from Eternity

Scientific Healing Affirmations

In the Sanctuary of the Soul:
A Guide to Effective Prayer

The Science of Religion

Metaphysical Meditations

Where There Is Light
—Insight and Inspiration for Meeting Life's Challenges

Sayings of Paramahansa Yogananda

Inner Peace:
How to Be Calmly Active and Actively Calm

Living Fearlessly
—Bringing Out Your Inner Soul Strength

The Law of Success

How You Can Talk with God

Why God Permits Evil and How to Rise Above It

To Be Victorious in Life

Cosmic Chants

Ηχητικές καταγραφές του Παραμαχανσα Γιογκανάντα

Beholding the One in All
The Great Light of God
Songs of My Heart
To Make Heaven on Earth
Removing All Sorrow and Suffering
Follow the Path of Christ, Krishna, and the Masters
Awake in the Cosmic Dream
Be a Smile Millionaire
One Life Versus Reincarnation
In the Glory of the Spirit
Self-Realization: The Inner and the Outer Path

ΆΛΛΕΣ ΔΗΜΟΣΙΕΥΣΕΙΣ ΤΟΥ SELF-REALIZATION FELLOWSHIP

The Holy Science
Swami Sri Yukteswar

Only Love:
Living the Spiritual Life in a Changing World
Sri Daya Mata

Finding the Joy Within You:
Personal Counsel for God-Centered Living
Sri Daya Mata

Intuition:
Soul Guidance for Life's Decisions
Sri Daya Mata

God Alone:
The Life and Letters of a Saint
Sri Gyanamata

"Mejda":
The Family and the Early Life of Paramahansa Yogananda
Sananda Lal Ghosh

Self-Realization
(ένα περιοδικό που ίδρυσε ο
Παραμαχάνσα Γιογκανάντα το 1925)

Βιντεο σε DVD

Awake: The Life of Yogananda
Μια ταινία από την CounterPoint Films

Ένας πλήρης κατάλογος βιβλίων, ηχητικών και μαγνητοσκοπημένων καταγραφών – συμπεριλαμβανομένων σπανίων αρχειακών καταγραφών του Παραμαχάνσα Γιογκανάντα – διατίθεται στην ιστοσελίδα www.srfbooks.org

ΔΩΡΕΑΝ ΕΙΣΑΓΩΓΙΚΟ ΠΑΚΕΤΟ

Οι μεταφυσικές τεχνικές διαλογισμού που διδάσκει ο Παραμαχάνσα Γιογκανάντα, συμπεριλαμβανομένης της Κρίγια Γιόγκα – καθώς και η καθοδήγησή του επάνω σε όλες τις πτυχές του ισορροπημένου πνευματικού τρόπου ζωής – διδάσκονται στα Μαθήματα του Self-Realization Fellowship. Παρακαλούμε να επισκεφθείτε την ιστοσελίδα www.srflessons.org για να ζητήσετε ένα δωρεάν περιεκτικό πακέτο πληροφοριών για τα Μαθήματα.

Self-Realization Fellowship
3880 San Rafael Avenue
Los Angeles, CA 90065-3219
Phone +1(323) 225-2471 • Fax +1(323) 225-5088
www.yogananda.org

Δημοσιευμένο επίσης από το Self-Realization Fellowship...

Η ΑΥΤΟΒΙΟΓΡΑΦΙΑ ΕΝΟΣ ΓΙΟΓΚΙ
Του Παραμαχάνσα Γιογκανάντα

Αυτή η καταξιωμένη αυτοβιογραφία παρουσιάζει ένα συναρπαστικό πορτρέτο μιας από τις μεγαλύτερες πνευματικές μορφές των καιρών μας. Με καθηλωτική ειλικρίνεια, ευγλωττία και πνεύμα, ο Παραμαχάνσα Γιογκανάντα διηγείται το γεμάτο έμπνευση χρονικό της ζωής του-τις εμπειρίες της αξιοσημείωτης παιδικής του ηλικίας, τις συναντήσεις με πολλούς αγίους και σοφούς στην Ινδία κατά την διάρκεια της νεανικής του αναζήτησης για ένα φωτισμένο Διδάσκαλο, τα δέκα χρόνια εκπαίδευσης στο ερημητήριο ενός σεβάσμιου Διδασκάλου της Γιόγκα και τα τριάντα χρόνια που έζησε και δίδαξε στην Αμερική. Καταγράφει επίσης τις συναντήσεις του με τον Μαχάτμα Γκάντι, τον Ραμπιντρανάθ Ταγκόρ, τον Λούθερ Μπέρμπανκ, την καθολική στιγματική Τερέζα Νόιμαν και άλλες διάσημες πνευματικές προσωπικότητες της Ανατολής και της Δύσης.

Η Αυτοβιογραφία ενός Γιόγκι αποτελεί ταυτόχρονα ένα γραπτό απολογισμό μίας εξαιρετικά ασυνήθιστης ζωής και μια βαθιά εισαγωγή στην Αρχαία επιστήμη της Γιόγκα και της από καιρού καθιερωμένης και σεβαστής παράδοσης του Διαλογισμού. Ο συγγραφέας ξεκάθαρα εξηγεί τους λεπτοφυείς αλλά σαφείς νόμους που βρίσκονται τόσο πίσω από τα συνηθισμένα γεγονότα της καθημερινής ζωής αλλά και τα ασυνήθιστα γεγονότα που κοινώς ονομάζονται θαύματα. Έτσι η ελκυστική ιστορία της ζωής του γίνεται το υπόβαθρο για μια διαπεραστική και αλησμόνητη ματιά στα μοναδικά μυστήρια της ανθρώπινης ύπαρξης.

Το βιβλίο που θεωρείται ένα σύγχρονο πνευματικό κλασσικό έργο, έχει μεταφραστεί σε περισσότερες από πενήντα γλώσσες και χρησιμοποιείται ευρέως ως κείμενο και ως έργο αναφοράς σε κολλέγια και πανεπιστήμια. Ένα διαρκές μπέστ-σέλλερ από τότε που αρχικά εκδόθηκε πριν από εβδομήντα χρόνια, *Η Αυτοβιογραφία ενός Γιόγκι* βρήκε τον δρόμο της μέσα στις καρδιές εκατομμυρίων αναγνωστών σε όλο τον κόσμο.

«Μία σπάνια αφήγηση». — THE NEW YORK TIMES

«Μία συναρπαστική και με σαφήνεια σχολιασμένη μελέτη».
— NEWSWEEK

«Δεν υπήρξε ποτέ, στα Αγγλικά ή σε οποιαδήποτε άλλη Ευρωπαϊκή γλώσσα, μια τέτοια παρουσίαση της γιόγκα».
— COLUMBIA UNIVERSITY PRESS

www.ingramcontent.com/pod-product-compliance
Lightning Source LLC
Chambersburg PA
CBHW031428040426
42444CB00006B/738